JN240320

福田はるか刺繍作品集

日本ヴォーグ社

板垣文恵先生の指導のもと制作したレース模様。

はじめに

2022年、夏のことです。

ある日、突然倒れて、救急車で入院し、5日間、意識不明の状態でした。

病名は心不全。退院した時は酸素吸入をしておりました。

しかしながら、奇跡的に一命をとりとめ、現在は妹に助けられて、

毎日、楽しく過ごしております。

その妹の悲願とでも言うような「福田はるか刺繍作品集」の出版が実現することになりました。

故板垣文恵先生に師事し、倒れるまでの10年間に作った作品の集大成です。

気がつくと、作品が一杯でした。

先生のご本の「1000のステッチ」(雄鶏社)のレース模様 (p.133 ～ p.145) を

お手伝いしたのも懐かしい思い出です。

このたびの出版は、作品が劣化しないように保管し、

作品集の出版を夢みていた妹の情熱と行動力に負うところが大です。

どうぞ、ご覧くださいませ。

この本を手にとってくださった皆様のご健康をお祈り申し上げます。

2024年 (令和6) 10月

福田はるか

もくじ

春 printemps

夏 été

秋 automne

冬 hiver

＊本書に出てくるSはステッチの略。 サテンSはサテンステッチ、クロスSはクロスステッチとなります。

＊サイズはすべて額の外枠の寸法を四捨五入して記入。 縦×横の順で掲載しています。

POMONA

POMONA

ポモナはローマ神話の果物の女神。
ウイリアム・モリスのデザインより。

サイズ／ 110×74cm　ステッチ／サテンＳ、ロング＆ショートＳ

ル プランタン

春。色とりどりの春の花。
陰影もお楽しみください。

サイズ／60×48cm　ステッチ／クロスS

スワン

スワンと一緒に飾ったのはスタンプワークの薔薇の花。
（スタンプワーク／立体刺繍。布をすくわない刺し方）
テーブルセンターはレースステッチ。

サイズ／楕円45×30cm　ステッチ／レースフィリングS

薔薇の花束

スタンプワークの薔薇を花束に。敷物はドロンワーク。第59回東京都美術館手工芸美術展に入選。

サイズ／74×50cm　ステッチ／花　スタンプワーク、敷物　ドロンワーク

薔薇の花のテーブルセンター

カットワークの手法で、薔薇のゴージャスな雰囲気を出しました。

サイズ／ 37×44cm　ステッチ／カットワーク

3色の薔薇

赤い薔薇の敷物はバテレンレース、黄色の薔薇の敷物はフィリングS、白い薔薇の敷物はカロチャ。
以上3点、第61回東京都美術館手工芸美術展に入選。

サイズ／各52×32㎝　ステッチ／スタンプワーク

薔薇

シャドーの薔薇で奥行きを。

サイズ／32×24cm　ステッチ／ロング＆ショートS、乱れ刺し

春の庭にて

蝶々、くもの巣、花、葉っぱ、実を立体的に表現。

サイズ／直径19㎝　ステッチ／スタンプワーク

明日香の春

平城京へ旅行した後に、
万葉の人と自然をイメージして。
第63回東京都美術館手工芸美術展に入選。

サイズ／ 80×106cm
ステッチ／テント S（ハーフクロス S）

14

正倉院の五弦琵琶

五弦の琵琶は世界中で正倉院に一つしか残っていません。
紫檀の木に螺鈿で飾られたものです。
この作品は和布にアップリケで琵琶を表現し、鳳凰がとんでいます。

サイズ／38×36cm　ステッチ／アップリケ、サテンS

おひなさま

ヨーロッパ刺繍で桃の節句を表現した作品。

サイズ／ 44×36cm　ステッチ／アウトラインS、フィリングS、サテンS

初陣

銀座リヤドロの若武者より。初陣と名づけて端午の節句に。
よろいかぶと、着物の柄を工夫。

サイズ／ 54×42cm　ステッチ／クロスS

百合の花のテーブルクロス

刺繍をはじめて初期の作品。

サイズ／ 92×51cm　ステッチ／サテンS、乱れ刺し、アウトラインS、コーチングS

ゆりかご

テラスの一角で、赤ちゃんがゆりかごの中で眠っています。庭には花が一杯、塀にはつたが一杯。
ぬくもりを感じてもらえたら…。蝶々が6羽とんでいます。刺繍糸だけではなく、フェルト等も使用。

サイズ／48×60cm　ステッチ／スタンプワーク

赤谷の森　クマタカ

絶滅危惧種のクマタカを保護する為、赤谷プロジェクトの活動があります。
その活動に参加しておられる自然写真家の高野丈さんより
写真を提供していただきました。

サイズ／48×47cm　ステッチ／クロスS

赤谷の森　クマタカの住む森

福田はるかの唯一の弟子と自称している妹の笛木洋子の作。
はるかの指導のもとに制作しました。
（財）日本自然保護協会監修の冊子「赤谷ノート」
平田美紗子さんのイラストを元に図案化。

サイズ／48×47cm　ステッチ／クロスS

海をのぞむ木立(上)
森の朝(下)

ニードルウィービングSの手法ならではの作品です。
木立の間から見える海と森の朝の静寂さを表現しました。
2点共、第62回東京都美術館手工芸美術展に入選。

サイズ／16×48㎝（海をのぞむ木立）、37×47cm（森の朝）
ステッチ／ニードルウィービングS

モネの睡蓮

習作。名画を刺繍するというテーマで刺した作品。

サイズ／ 47×56cm　ステッチ／クロス S

南の島

南の島の土地、風土、住む人々、動物など生活が楽しく伝わってきます。
フェルト、スパンコール、ビーズ等を使用。デザイン者不詳。

サイズ／78×107cm　ステッチ／主にアップリケ、アウトラインS、サテンS

七夕飾り

妹の夫　故笛木垣（ひろし）の直筆の短冊を刺繍。

日本画家　小林徹彩氏の「竹林図」のれん（万葉舎）を購入して作品に仕上げたもの。

サイズ／150×88cm　ステッチ／サテンS

テーブルランナー

気に入りの洋食器のデザインより。

サイズ／34×230cm
ステッチ／サテンS、コーチドトレリスS

MALLOW（上）
さくらんぼ（下）

「MALLOW」マローは紅茶のラベルから。
「さくらんぼ」は、さくらから、さくらんぼへと
実を結ぶ過程を想像し、お楽しみください。

サイズ／ 32×27cm（MALLOW）、 37×32cm（さくらんぼ）
ステッチ／ロング＆ショートS（MALLOW）、
サテンS（さくらんぼ）

ひまわり

夏の日差しを受けて、
力強く咲くひまわりを額一杯に表現。

サイズ／ 25×20cm
ステッチ／ニードルウィービングS

田園の秋

皮革、綿なども使ってノルディックな伝統的田園を表現。

サイズ／ 47×57cm　ステッチ／いろいろ

月夜のふくろう

和紙を使用。幻想的な森の夜を。

サイズ／ 20×17cm　ステッチ／サテンS

5枚のテーブルセンター

コーヒーテーブルにあわせたセンター。
四季折々に取りかえて楽しめるように。

サイズ／直径各46〜60cm
ステッチ／サテンS、ロング一＆ショートS、
コーチドトレリスS

I　庭に咲く花

II　葡萄

III　黄色の花

IV　朝顔

V　桔梗

かわいい ひつじ

花一杯の自然の中で自由に遊んでいるひつじたちをスタンプワークで表現。

サイズ／ 42×37㎝　ステッチ／スタンプワーク

葡萄と小鳥

葡萄の1粒、1粒にご注目。刺し方がすべて異なっています。

サイズ／53×53cm　ステッチ／アジュール刺繍

トルコ模様のテーブルクロス

テーブルのサイズにあわせて図案を考え、製作に約半年かかりました。
丁寧に刺したテーブルクロスです。

サイズ／136×223cm　ステッチ／トルコ刺し、フラットS

３羽の小鳥のタペストリー

緑陰の中で、語らいの時と場所を得た３羽です。

サイズ／ 51×95cm　ステッチ／織り刺し

ブルックリンミュージアムより　タペストリー

ひょんなことからデザインを入手し、タペストリーにまとめました。
デザインのまわりもすべてゴベリンS。

サイズ／ 80×44cm　ステッチ／ストレートS、ゴベリンS

香炉敷き

木製ではなく、麻の布地に刺繍を施した香炉敷き。やさしいぬくもりを表現しました。

サイズ／22×28㎝　ステッチ／アジュール刺繍

もみじ

散るもみじの葉っぱ1枚、1枚の
色を変え、秋の風情に。

サイズ／ 22 × 22cm
ステッチ／クロスS、ブラックワーク

四季の木

春から冬へと移りゆく様を表現。

サイズ／ 16 × 15cm
ステッチ／サテンS

春を待つ さくら

あたかも雪の下にさくらの花びらが眠っているような。

サイズ／ 43×34cm　ステッチ／アウトラインS

春を待つ 雪の結晶・ふきのとう

和紙を使用。
参考文献（雪の結晶）／
「北越雪譜」鈴木牧之著

サイズ／ 40×48cm　ステッチ／アウトラインS

43

雪が降る

和紙、綿を使って。
ヨーロッパの冬の情景を
想像することができます。

サイズ／42×42cm
ステッチ／アウトラインＳ

月夜の猫

ビルの屋上の猫。建物はアジュール刺繍で月の明かりに照らされた
猫のひそやかさを表現しました。

サイズ／ 33×27cm　ステッチ／アジュール刺繍

シャドー付きテーブルセンター

シャドーをつけておしゃれに。

サイズ／43×39cm　ステッチ／ドロンワーク

クリスマス（上）
テディベア（下）

「クリスマス」はリボン、
スパンコール、ビーズを使って
クリスマスの雰囲気に。
「テディベア」は
リボン飾りで愛らしく。

サイズ／33×33cm（クリスマス）、
33×32cm（テディベア）
ステッチ／ゴールドワーク（クリスマス）、
ロング&ショートS（テディベア）

I　帽子の婦人

白糸素材を楽しむ3部作

「帽子の婦人」は顔をあえて黒く表現。「風景」は見知らぬ山里を想像して。
「薔薇」は3本の薔薇を、葉っぱの刺し方、白糸を変えて工夫しました。

サイズ／各37×32cm　ステッチ／ループ刺繍、コーチングS

Ⅱ　風景　　　　　　　　　　　　　　Ⅲ　薔薇

エビあみコードのテーブルセンター

エビあみコードの製作から始めて、テーブルセンター状にコードを配置し、
間をレースSで工夫した作品です。

サイズ／直径35cm　ステッチ／エビあみ、レースS

白い小鳥（上）
テーブルセンター（下）

「白い小鳥」は第60回東京都美術館手工芸美術展に入選。
「テーブルセンター」は白地に茶色で刺したもの。

サイズ／46×46cm（白い小鳥）、26×42cm（テーブルセンター）
ステッチ／チュール刺繍、アジュール刺繍、レースＳ（白い小鳥）、ドロンワーク（テーブルセンター）

3脚の椅子

くつろぎ、お茶を楽しむ、編み物をする…等、午後のひととき、ゆったりした気分で座りたい椅子。

サイズ／各27×22cm　ステッチ／アップリケ

グラスで乾杯

江戸切子からヒントを得たデザイン。アンバランスなマットやグラスの配置でおしゃれに。
メタルスレッド使用。

サイズ／ 43×54cm　ステッチ／ゴールドワーク

バイユーのタピストリー (一部)

11世紀に作られた最も古い刺繍作品で、史上最長の刺繍作品の復刻。
おんどり刺繍アカデミー　板垣文恵先生の指導のもと、会員で製作。
幅36㎝、長さ50mのスケールで再現。日本ホビー協会主催　第7回ホビー大賞ブランプリ受賞。
全国各地の展覧会や台湾（台南科技大学）にも展示。掲載作品は福田はるかが担当した部分。

サイズ／ 40×105㎝　ステッチ／バイユー S

ポーチ、アクセサリー、小物類

ジュエリーボックス、携帯用お針入れ、小鳥のポシェット、
ブライダルポーチ、帯留め、ペンダントブローチなど。

ステッチ／ミラーワーク（ジュエリーボックス）、ゴブランS（小鳥のポシェット）、パンチワーク、
カットワーク（ブライダルポーチ）、アウトラインS、サテンS、プチポワン（その他）

あとがき

「福田はるか刺繍作品集」をご覧いただき、ありがとうございました。
この本ができたのは日本ヴォーグ社の石上友美さん、
カメラマンの白井由香里さん、
その他のスタッフの皆様方のおかげです。
心より　御礼申し上げます。

2024年 (令和6) 10月
福田はるか

プロフィール

1940年　富山県高岡市生まれ。本名　塩﨑由紀子。
1997年　ヨーロッパ刺繍を日本に広めたイルゼ・ブラッシ先生の一番弟子で、
　　　　助手をつとめられた板垣文恵先生に師事。(両先生共故人)
　　　　板垣刺繍アカデミー会員を経て、雄鶏社日本アートクラフト協会で手芸講師の資格を取得。
　　　　東京都美術館手工芸美術展に入選5回。
2006年　東京から群馬県・猿ヶ京へ転居。
　　　　猿ヶ京関所資料館で個展3回。
2015年　東京へ戻り、猿ヶ京には「アトリエはるか」を設置する。
2021年　東京から、再び猿ヶ京へ戻る。
2022年　心不全で入院。退院後　酸素カニューラをつけて自宅療養。現在に至る。

写真は実冬(妹の孫)が3歳の時のお絵
描きを後年、刺繍した作品。

Staff

ブックデザイン　周 玉慧
撮影　　　　　　白井由香里　福田はるか(p.29、p.31、p.41下)
編集担当　　　　石上友美

福田はるか刺繍作品集

著　者／福田はるか
発行人／瀬戸信昭　編集人／佐伯瑞代
発行所／株式会社日本ヴォーグ社
　　　　〒164-8705 東京都中野区弥生町5-6-11　TEL03-3383-0634(編集)
　　　　出版受注センター　TEL03-3383-0650　FAX03-3383-0680
印　刷／株式会社シナノ
Printed in Japan　©Haruka Fukuda 2024
ISBN 978-4-529-06438-5